BEI GRIN MACHT SICH IHR WISSEN BEZAHLT

- Wir veröffentlichen Ihre Hausarbeit,
  Bachelor- und Masterarbeit

- Ihr eigenes eBook und Buch -
  weltweit in allen wichtigen Shops

- Verdienen Sie an jedem Verkauf

Jetzt bei www.GRIN.com hochladen und kostenlos publizieren

Viktoria Popsuy-Johannsen

Dank dem Spender oder dank des Spenders? Kasusschwankungen bei Präpositionen mit Dativrektion

GRIN Verlag

Bibliografische Information der Deutschen Nationalbibliothek:

Die Deutsche Bibliothek verzeichnet diese Publikation in der Deutschen National-
bibliografie; detaillierte bibliografische Daten sind im Internet über http://dnb.d-
nb.de/ abrufbar.

Impressum:

Copyright © 2011 GRIN Verlag GmbH
Druck und Bindung: Books on Demand GmbH, Norderstedt Germany
ISBN: 978-3-656-38010-8

Dieses Buch bei GRIN:

http://www.grin.com/de/e-book/209899/dank-dem-spender-oder-dank-des-spenders-
kasusschwankungen-bei-praepositionen

GRIN - Your knowledge has value

Der GRIN Verlag publiziert seit 1998 wissenschaftliche Arbeiten von Studenten, Hochschullehrern und anderen Akademikern als eBook und gedrucktes Buch. Die Verlagswebsite www.grin.com ist die ideale Plattform zur Veröffentlichung von Hausarbeiten, Abschlussarbeiten, wissenschaftlichen Aufsätzen, Dissertationen und Fachbüchern.

Besuchen Sie uns im Internet:

http://www.grin.com/

http://www.facebook.com/grincom

http://www.twitter.com/grin_com

Hausarbeit

vorgelegt am Fachbereich 05, Philosophie und Philologie,
der Johannes Gutenberg-Universität Mainz

Fach: Deutsch   KF (x)   BF ( )

Im Rahmen des Moduls: Modul 10 „Sprachvariation"

Lehrveranstaltung: SKSS „Sprache und Norm"

Thema der Hausarbeit: *Dank dem Spender* oder *dank des Spenders?* Kasusschwankungen bei

Präpositionen mit Dativrektion

WS/SoSe: SoSe 2011

Fachsemester: 5

von

Name: Popsuy-Johannsen

Vorname: Viktoria

Angestrebter Abschluss (BA, B.Ed., Magister): B.Ed.

Wichtiger Hinweis:

Die Hausarbeit inkl. des Deckblattes ist nach Rückgabe im Original sorgfältig aufzubewahren.

Ich erkläre hiermit, dass ich die vorliegende Arbeit selbstständig verfasst und keine anderen als die angegebenen Quellen oder Hilfsmittel (einschließlich elektronischer Medien und Online-Quellen) benutzt habe. Mir ist bewusst, dass ein Täuschungsversuch oder ein Ordnungsverstoß vorliegt, wenn sich diese Erklärung als unwahr erweist. § 20 Abs. 3 und 4 BAPO sowie § 19 Abs.3 und 4 POLBA gelten in diesem Fall entsprechend.

Datum: 29.08.2011

Unterschrift:

Inhaltsverzeichnis:

1. Einleitung

In der vorliegenden Arbeit wird das Thema „Kasusschwankung bei Präpositionen" in der Schriftsprache bearbeitet. Bevor man über die Kasusschwankungen bei Präpositionen anfängt zu schreiben, sollte definiert werden, um welche Präpositionen und deren Kasusrektion es sich handelt. Die Präpositionen kann man in zwei Klassen unterteilen, primäre und sekundäre. „Die primären Präpositionen bilden eine geschlossene Wortklasse, d. h. zu ihnen kommen keine neuen Wörter hinzu. Primäre Präpositionen sind einfache, weder abgeleitete noch zusammengesetzte Wörter (z. B. *ab, an, auf, bis, in, mit* usw.)" (Wahrig 2003:454). Die sekundären Präpositionen bilden im Gegenteil zu den primären Präpositionen eine offene Klasse, die durch „neue" Präpositionen erweitert wird (Wahrig 2003:454). Die „neuen" Präpositionen gehen aus anderen Wortarten in diese Klasse über, z. B. Adjektive (*gemäß*) oder Substantive (*dank, trotz*), oder werden abgeleitet und mit den Suffixen *-s* oder *-lich* gebildet, z. B. *mittels, zuzüglich* (Wahrig 2003:454). „Präpositionen können die drei Kasus Akkusativ, Dativ und Genitiv regieren" (Wahrig 2003:454):

(1) *Die Klasse geht in den Zoo* (Akkusativ)

(2) *Das Kind spielt mit dem Opa* (Dativ)

(3) *Trotz des Regens ist er gekommen* (Genitiv)

In dieser Arbeit werde ich mich mit sekundären Präpositionen, die aus anderen Wortarten in die Präpositionsklasse übergegangen sind und den Kasus Dativ regieren, beschäftigen. Dabei wird der Schwerpunkt auf die Kasusschwankungen zwischen der Dativ- und Genitivrektion festgelegt. Diese Schwankungen werden mit Daten aus einem Korpus belegt. Danach soll die Frage „Warum schwankt die Kasusrektion bei Präpositionen, die eigentlich mit Dativrektion in den Grammatiken aufgelistet sind?" mit einem Erklärungsversuch beantwortet werden.

2. Kasusschwankungen bei sekundären Präpositionen mit Dativrektion in der Schriftsprache

Die sekundären Präpositionen, die aus anderen Wortklassen in die Präpositionsklasse übergegangen sind, können einen von drei Kasus (Dativ, Genitiv oder Akkusativ) regieren. Da in dieser Arbeit die Präpositionen mit Dativrektion untersucht werden, werden diese nach Duden (2009:610) aufgelistet:

dank, entgegen, entsprechend, gemäß, gegenüber, laut, mitsamt, nächst, nahe, samt, zufolge, zuliebe, zunächst, zuwider.

Es gibt aber eine Tendenz, dass manche Präpositionen, die „ursprünglich nur Dativ regiert haben" (Duden 2009:611), immer wieder einen ersatzweisen Gebrauch des Genitivs zeigen (Hentschel / Weydt 2003:280), z. B.:

(4) **Gemäß dem** neuen Bleiberecht, das kürzlich in Kraft trat, bekommen Geduldete ein Aufenthaltsrecht, wenn sie sich zum Stichtag 1. Juli seit mindestens acht (Alleinstehende) oder sechs Jahren (Familien mit minderjährigen Kindern) in Deutschland aufhalten. (*Rhein-Zeitung*, 31.07.2007; Im Asyl: Neue Regelungen) (Cosmas2, 18.08.2011);

(5) Mit Kriegsbeginn 1939 wurde ihr Vater, Prokurist einer internationalen Bank, verhaftet und **gemäß des** Programms zur Vernichtung der polnischen Intelligenz im KZ interniert. (*Rhein-Zeitung*, 08.08.2002; Jugend in Danzig 1933-45) (Cosmas2, 18.08.2011).

In dieser Arbeit werden diese Kasusvariationen mithilfe einer Korpusanalyse belegt. Die Korpusdaten wurden im Korpus „Cosmas2" erhoben, das vom „Institut der deutschen Sprache" zur Verfügung steht und einen sehr großen Umfang an schriftlichen Daten hat. Dafür wurde das „Archiv W (Archiv der Geschriebenen Sprache)" mit einem vordinierten Korpus („W-öffentlich") ausgewählt (Cosmas2). Zu diesem Korpus gehören „alle öffentlichen Korpora des Archivs W (mit allen öffentlichen Neuakquisitionen)" (Cosmas2). Für die Analyse wurden vier Beispiele aus den oben aufgelisteten Präpositionen ausgewählt: *dank, entgegen, entsprechend* und *gemäß*. Der Grund für die Auswahl dieser Präpositionen ist, dass diese aus unterschiedlichen Wortklassen in die Klasse der sekundären Präpositionen übergegangen sind: *dank* aus der Klasse der Substantive, *entgegen* aus der Klasse der Adverbien, *entsprechend* aus der Klasse der Verben (Partizip Präsens) und *gemäß* aus der Klasse der Adjektive (Di Meola 2001:62).

Im Korpus wurden die oben genannten Präpositionen mit Definit- und Indefinitpronomen im Singular gesucht, dabei wurde die Groß- und Kleinschreibung nicht beachtet. Aus den Ergebnissen wurden folgende Sätze aussortiert:

- wenn Präpositionen und Artikel durch eine Komma oder einen Doppelpunkt getrennt waren;

- wenn Präpositionen alleine standen;

- wenn *Dank* mit einem deklinierten Pronomen oder Adjektiv verbunden waren, da *Dank* in dem Fall noch als Substantiv verwendet wurde;

- wenn vor *Dank* eine Präposition stand (z. B. *zum Dank dem…*).

Die folgenden Tabellen 1-4 sollen die Ergebnisse der Verwendung der Dativ- und Genitivrektion im Korpus darstellen:

Gesuchte Kombination	Anzahl	in %
gemäß dem (Dativ)	5.071	89,4
gemäß des (Genitiv)	604	10,6
gesamt	5.675	100
gemäß einem (Dativ)	478	72,9
gemäß eines (Genitiv)	178	27,1
gesamt	656	100

Tab.1: Verhältnis der Kasusschwankungen bei der Präposition *gemäß*

Gesuchte Kombination	Anzahl	in %
entgegen dem (Dativ)	6.104	92,3
entgegen des (Genitiv)	510	7,7
gesamt	6.614	100
entgegen einem (Dativ)	354	75,2
entgegen eines (Genitiv)	117	24,8
gesamt	471	100

Tab.2: Verhältnis der Kasusschwankungen bei der Präposition *entgegen*

Gesuchte Kombination	Anzahl	in %
entsprechend dem (Dativ)	4.420	89,4
entsprechend des (Genitiv)	526	10,6
gesamt	4.946	100
entsprechend einem (Dativ)	330	80,1
entsprechend eines (Genitiv)	82	19,9
gesamt	412	100

Tab.3: Verhältnis der Kasusschwankungen bei der Präposition *entsprechend*

Gesuchte Kombination	Anzahl	in %
dank dem (Dativ)	7.832	23,1
dank des (Genitiv)	26.143	76,9
gesamt	33.975	100
dank einem (Dativ)	3.207	18,8
dank eines (Genitiv)	13.829	81,2
gesamt	17.036	100

Tab.4: Verhältnis der Kasusschwankungen bei der Präposition *dank*

An diesen Ergebnissen ist deutlich zu erkennen, dass die Genitivrektion bei den Präpositionen *entgegen, entsprechend* und *gemäß* vorkommt und der Anteil bei Kombinatio-
nen mit Definitpronomen bei 10% und mit Indefinitpronomen bei 20% liegt. Bei der Präposition *dank* ist Anteilt des Genitivs jedoch höher als der Anteil des Dativs. Dies könnte
daran liegen, dass nicht alle Sätze bei der Analyse, in denen *dank* auch wie ein Substantiv
verwendet wird, aussortiert wurden. Aus diesem Grund wurde im gleichen Korpus die
Kombination *dank* mit Definitpronomen noch ein Mal gesucht. Dabei sollten nur Sätze
angezeigt werden, in denen *dank* klein geschrieben ist, um die Anwendung als Präposition sicher zu stellen. Aus den Ergebnissen, die die Tabelle 5 präsentiert, wurden keine
Sätze aussortiert.

Gesuchte Kombination	abs. Zahlen	in %
dank dem (Dativ)	4.353	21,5
dank des (Genitiv)	15.883	78,5
gesamt	20.236	100

Tab.5: Verhältnis der Kasusschwankungen bei der Präposition *dank* (klein geschrieben)

Jetzt kann man sicher sagen, dass bei der Präposition *dank* die Genitivrektion im Singular öfter vorkommt als die ursprüngliche Dativrektion. Das zeigen die 78,5% bei der
Suche mit Definitpronomen, wenn *dank* kleingeschrieben wurde, und die 76,8% mit Definitpronomen und die 81,2% mit Indefinitpronomen im Fall, in dem die Groß- und
Kleinschreibung nicht beachtet wurde. Bei den Präpositionen *entgegen, entsprechend* und
gemäß kann man eine eindeutige Tendenz der Zunahme der Genitivrektion sehen, weil
der Anteil des Genitivgebrauchs bei den Indefinitpronomen höher ist als bei den Definitpronomen. Daraus ergibt sich die Frage, warum in der geschriebenen Sprache der Genitiv
bei den sekundären Präpositionen mit Dativrektion so oft vorkommt. Im nächsten Kapitel
wird hierfür eine mögliche Erklärung präsentiert.

3. Erklärungsversuch der Kasusschwankungen bei sekundären Präpositionen mit Dativrektion in der Schriftsprache

Die Verwendung der Genitivrektion bei Präpositionen wie *entgegen, entsprechend*
oder *gemäß*, aber auch *dank*, könnte stilistische Gründe haben (Duden 2009:611). Auch
wenn die Anwendung des Genitivs „falsch" ist, gehört „der Genitiv einer höheren Stil-
ebene" an und „entsprechende Formen [werden] daher in stärkerem Maße als „schrift-

sprachlich korrekt" empfunden" (Hentchel / Weydt 2003:280). Diese Anwendung könnte auch andere Gründe haben, die im Weiteren präsentiert werden.

3.1 Prinzip der Prototypisierung

In der Definition zum Begriff „Präposition" wurde gesagt, dass die Präpositionen in primäre und sekundäre aufgeteilt werden. In Lindqvist (1996:243ff.) werden die primären und sekundären Präpositionen und präpositionsähnliche Ausdrücke (z. B. *im Widerspruch zu*) von einander abgegrenzt und in dem unteren Abbildung 1 dargestellt:

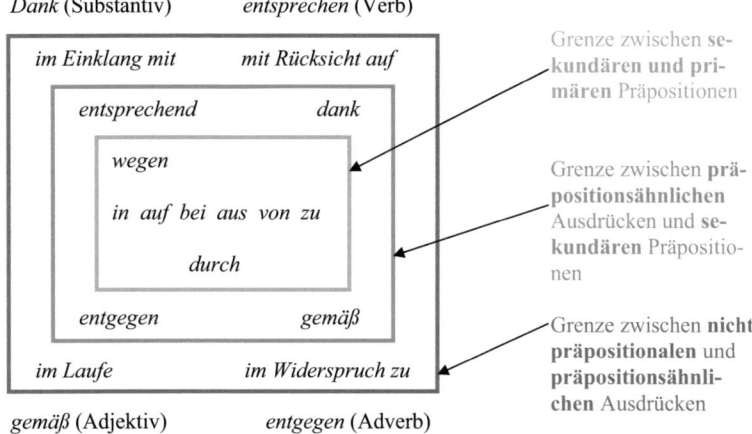

Abb. 1: Grenzen zwischen primären und sekundären Präpositionen und präpositionsähnlichen Ausdrücken (nach Lindqvist 1996:244)

Nach Lindqvist (1996:245) sind die primären Präpositionen, die in der Abbildung 1 im Zentrum stehen, „Das Ideal-Präpositionale". In Lindqvist (1996:245) sind acht Eigenschaften der Ideal-Präposition präsentiert. In der Arbeit wird auf die ersten zwei Bezug genommen:

1. Dativ- bzw. Akkusativrektion (Szczepaniak 2009:94);

   (6) *Sie war gestern **bei dem** Arzt* (Dativ);

2. Pränominale Stellung (Szczepaniak 2009:94);

   (7) *Sie ging **durch** den Park* (Präposition)

   (8) *Sie zog sich dem Wetter **entsprechend** an* (Postposition).

Man kann die Präpositionen und präpositionsähnlichen Ausdrücke in einen „Präpositionalitätsgrad (kurz: P-Grad)" (Lindqvist 1996:245) präsentieren, dabei sollte für jedes

5

Kriterium ein P-Grad erstellt werden. In der nächsten Abbildung 2 wird der P-Grad nach der Rektion der Präpositionen dargestellt; da die Ideal-Präpositionen den Dativ und/oder Akkusativ regieren, haben diese einen höheren P-Grad:

| Rektion via | Genitiv | Genitiv/Dativ/ | Akkusativ/Dativ | Ideal- |
| primäre Präposition | | Akkusativ-Variation | | Präp. |

| in Bezug auf | anstatt | entlang, während, | auf, bei, zu | |
| in Abhängigkeit von | | wegen | | |

Abb. 2: Präpositionalitätsgrad nach Rektion (Szczepaniak 2009:95)

Diese Abbildung zeigt, dass sich alle Präpositionen in die Richtung der Ideal-Präposition entwickeln sollen. Diese Entwicklung wird „Prinzip der Prototypisierung" (Di Meola 2002:123) genannt. Wenn jetzt die sekundären Präpositionen mit Dativrektion aus der Korpusanalyse im Hinblick auf ihren P-Grad betrachtet werden, haben *entsprechend, entgegen, dank* und *gemäß* einen höheren P-Grad nach Rektion und sind näher am Prototyp, da diese den Dativ regieren. So stellt sich die Frage, warum die Präpositionen mit einem höheren P-Grad den Kasus der „Ideal-Präposition" wechseln. Dies kann man mit dem „Prinzip der maximale Differenzierung" (Di Meola 2002) erklären, das im nächsten Punkt näher erläutert wird.

3.2 Prinzip der maximalen Differenzierung

In dem Grammatikalisierungsprozess „einer lexikalischen Einheit zu einem grammatischen Funktionswort wie z.B. Präposition [...] [kann] die betreffende Form ihr Erscheinungsbild verändern" (Di Meola 2002). Diese Veränderungen kann man mit drei Prinzipien der Grammatikalisierung erklären: mit dem (I) „Prinzip der morpho-phonologischen Differenzierung", (II) „Prinzip der semantischen Differenzierung" und (III) „Prinzip der syntaktischen Differenzierung" (Di Meola 2002:103f). Diese Prinzipien werden von Di Meola (2002:104) als das „Prinzip der maximalen Differenzierung gegenüber der Ursprungsstruktur" zusammengefasst, das lautet:

Im Zuge der Grammatikalisierung findet eine progressive Abkehr von der ursprünglichen morpho-phonologischen Struktur und semantischen Struktur sowie von der ursprünglichen syntaktischen Umgebung der betreffenden Form statt.

Im Weiteren wird auf jedes Prinzip kurz eingegangen, um zu sehen, wie sich die Präpositionen aus der Korpusanalyse von der ursprünglichen Form entfernt haben.

3.2.1 Prinzip der morpho-phonologischen Differenzierung

Das „Prinzip der morpho-phonologischen Differenzierung" lautet: „Je mehr sich der morpho-phonologische Bau einer Form von dem ursprünglichen Bau entfernt, desto höher ist der Grammatikalisierungsgrad der betreffenden Form." (Di Meola 2002:103). Nehmen wir die Beispiele aus der Korpusanalyse und schauen, wie *entsprechend, entgegen, dank* und *gemäß* von diesem Prinzip betroffen sind. Für diese Präpositionen kann problemlos rekonstruiert werden, dass *entsprechend* von dem Verb *entsprechen* abgeleitet wird und die gleiche Form wie das Partizip Präsens hat, dass Präposition *entgegen* von der Adverbform *entgegen* übernommen wird, dass Präpositionen *gemäß* von einem Adjektiv und *dank* von einem Substantiv abgeleitet werden. Dabei wird nur die Präposition *dank* anders geschrieben als das Substantiv *Dank*. Somit haben diese vier Präpositionen einen schwachen Grammatikalisierungsgrad nach dem Prinzip der morpho-phonologischen Differenzierung.

3.2.2 Prinzip der semantischen Differenzierung

Das „Prinzip der semantischen Differenzierung" wird folgendermaßen definiert: „Je mehr sich die Bedeutung einer Form von der ursprünglichen Bedeutung entfernt, desto höher ist der Grammatikalisierungsgrad der betreffenden Form." (Di Meola 2002:103). Die Präpositionen *entsprechend, entgegen, dank* und *gemäß* sind von einem Inhaltswort zu einem Funktionswort übergegangen. Die folgende Tabelle 6 zeigt, wie oft diese Präpositionen bei Di Meola (2001:63-66) als Inhalts- und Funktionswort auftreten:

	Inhaltwort	Funktionswort	% funktional
dank	187	149	44
entsprechend	358	228	39
entgegen	213	275	56
gemäß	2	655	>99

Tab.6: Verhältnis des Gebrauchs der Präpositionen als Inhalts- und Funktionswort (Di Meola 2001:63-66)

Die Tabelle verdeutlicht, dass *entgegen* schon in über 50% und *gemäß* fast in 100% aller Fälle als Funktionswort verwendet werden. Diese Ergebnisse zeigen einen stärkeren Grammatikalisierungsgrad dieser Präpositionen nach dem Prinzip der semantischen Differenzierung.

3.2.3 Prinzip der syntaktischen Differenzierung

Die Definition des „Prinzips der syntaktischen Differenzierung" ist: „Je mehr sich die relevante syntaktische Umgebung einer Form der ursprünglichen Umgebung entfernt, desto höher ist der Grammatikalisierungsgrad der betreffenden Form." (Di Meola 2002:104). Im Einblick darauf werden die Stellungs- und Rektionswechsel der Präpositionen betrachtet. Für die Präpositionsstellung wird dieses Prinzip genauer definiert: „je höher der Anteil der Prästellungsbelege, desto stärker die Grammatikalisierung" (Di Meola 2001:74). Aus Tabelle 7 lässt sich ablesen, wie oft die Präpositionen *entsprechend, entgegen* und *gemäß* in der Prä- und Poststellung vorkommen. Die Präposition *dank* wird in der Poststellung nicht verwendet, da sie auch im Duden (2009:603) nicht zu den Präpositionen gezählt wird, die „zwischen Post- und Prästellung schwanken".

	Poststellung	Prästellung	Gesamt	% Prästellung
entgegen	150	125	275	45
entsprechend	58	170	228	75
gemäß	21	644	665	97

Tab.7: Verhältnis des Gebrauchs der Präpositionen in der Post- und Prästellung (Di Meola 2001:74)

Diese Ergebnisse weisen darauf hin, dass die Grammatikalisierung dieser Präpositionen einen höheren Grad hat, weil sie die ursprüngliche Poststellung aufgeben.

„Auch die Änderung der strukturell motivierten Rektion ist ein Zeichen erhöhten Grammatikalisierungsgrades" (Di Meola 2001:75). Im Kapitel 2 wurde mit Korpusbelegen gezeigt, dass die Präpositionen *entsprechend, entgegen, dank* und *gemäß* sich von der ursprünglichen Kasusrektion entfernen und „somit eine bereits mehr oder weniger fortgeschrittene Grammatikalisierung" (Di Meola 2001:79) aufweisen.

4. Fazit

Als Fazit lässt sich sagen, dass der Übergang vom Inhaltswort zum Funktionswort für die Präpositionen *entsprechend, entgegen, dank* und *gemäß* dann maximal abgeschlossen ist, wenn sich die semantischen und syntaktischen Strukturen von den ursprünglichen entfernen (Di Meola 1999:348). Da bei der Korpusanalyse die Präposition *dank* den größeren Anteil der Genitivrektion hat, ist diese am weitesten grammatikalisiert. Man kann nach dem Rektionsschwund mit den erhobenen Daten des Korpus für die betrachteten Präpositionen eine Grammatikalisierungsskala erstellen:

niedrige Grammatikalisierung   hohe Grammatikalisierung

entgegen   *entsprechend*   *gemäß*   *dank*

Abb. 3: Grammatikalisierungsgrad nach Rektion mit Korpusdaten

Der noch nicht abgeschlossene Grammatikalisierungsprozess der Präpositionen *entsprechend, entgegen, dank* und *gemäß* erklärt die Kasusalternation (Di Meola 2002:124) zwischen dem ursprünglichen Dativ und „neuen" Genitiv in der Schriftsprache.

5. Literaturverzeichnis

Di Meola, Claudio (1999): *Entgegen, nahe, entsprechend* und *gemäß*. Dativpräpositionen mit Genitivrektion. In: ZGL 27, 344-351.

Di Meola, Claudio (2001): Vom Inhalts- zum Funktionswort: Grammatikalisierungspfade deutscher Adpositionen. In: Sprachwissenschaft 26.1, 59-83.

Di Meola, Claudio (2002): Präpositionale Rektionsalternation unter dem Gesichtspunkt der Grammatikalisierung: Das Prinzip der "maximalen Differenzierung". In: Cuyckens, Hubert, et al. (eds.): Perspectives on Prepositions. Tübingen: Niemeyer, 101-129.

Duden (2009): Die Grammatik. Unentbehrlich für gutes Deutsch. 8., überarbeitete Auflage. Bd. 4. Mannheim u.a.:Dudenverlag.

Hentschel, Elke / Weydt, Harald (2003): Handbuch der deutschen Grammatik. 3., völlig neu bearbeitete Auflage. Berlin, New York: Walter de Gruyter.

Lindqvist, Christer (1996): Gradualität als Organisationsprinzip der Lexik und ihre Verschriftung. In: Weigand, Edda (ed.): Lexical Structures and Language Use, Vol. I. Tübingen, 243-253.

Szczepaniak, Renata (2009): Grammatikalisierung im Deutschen. Eine Einführung. Tübingen: Gunter Narr.

Wahrig Bd. 5: Fehlerfreies und gutes Deutsch. Gütersloh 2003.

Internetquellen:

Cosmas2: https://cosmas2.ids-mannheim.de/cosmas2-web/ (18.08.2001-23.08.2011)